■SCHOLASTIC
News
Nonfiction Readers® en español

La vida en la pradera

Por David C. Lion

Children's Press®
An Imprint of Scholastic Inc.
New York Toronto London Auckland Sydney
Mexico City New Delhi Hong Kong
Danbury, Connecticut

Subject Consultant: Susan Woodward, Professor of Geography, Radford University, Radford, Virginia

Reading Consultant: Cecilia Minden-Cupp, PhD, Former Director of the Language and Literacy Program, Harvard Graduate School of Education, Cambridge, Massachusetts

Photographs © 2007: Dembinsky Photo Assoc.: 23 bottom right (Bill Leaman), 5 top left, 11, 23 top right (Gary Meszaros), 1, 5 bottom left, 8 (G. Alan Nelson), 21 bottom (Rod Planck), cover background (Richard Hamilton Smith); Minden Pictures/Jim Brandenburg: cover left inset, 5 top right, 7, 14; Nature Picture Library Ltd./Jeff Foott: 19; Peter Arnold Inc./Tom Vezo: cover right inset, 2, 4 bottom left, 17; Photo Researchers, NY: 4 top right, 12 (Steve Cooper), 23 bottom left, 23 top left (Jeffrey Lepore), 15 (Craig K. Lorenz), 20 bottom (Gary Meszaros), 20 top (Nature's Images), cover center inset, 4 bottom right, 13 (Art Wolfe), 21 top (Jim Zipp); Tom Bean: back cover, 5 bottom right, 9.

Book Design: Simonsays Design!
Book Production: The Design Lab

Library of Congress Cataloging-in-Publication Data

Lion, David C., 1948–
    [Home on the prairie. Spanish]
    La vida en la pradera / por David C. Lion.
        p. cm. — (Scholastic news nonfiction readers en español)
    Includes bibliographical references.
    ISBN-13: 978-0-531-20722-2 (lib. bdg.)   978-0-531-20649-2 (pbk.)
    ISBN-10: 0-531-20722-6 (lib. bdg)   0-531-20649-1 (pbk.)
    1. Prairie ecology—Juvenile literature. I. Title. II. Series.
    QH541.5.P7L5618 2008
    577.4'4—dc22   2007050251

1 2 3 4 5 6 7 8 9 10 R 17 16 15 14 13 12 11 10 09 08

CONTENIDO

Caza de palabras

Busca estas palabras mientras lees. Aparecerán en **negrita.**

bisonte americano

colonias

animales que pastan

tallo azul gigante

madrigueras

hábitat

pradera

¿Qué lugar es éste?

Imagina que estás rodeado de hierba alta y lo único que ves al alzar la vista es el cielo.

Escuchas una serpiente de cascabel y ves un perro de la pradera esconderse dentro de la tierra.

¿Dónde estamos?

La serpiente de cascabel agita la cola para alertar a sus enemigos.

¡Estamos en una **pradera** de América del Norte!

La pradera es un tipo de **hábitat.** Un hábitat es el lugar donde vive un tipo de planta o animal.

Las praderas son grandes extensiones de hierba, casi sin árboles.

hábitat

En las praderas hay muy pocos árboles.

9

En las praderas crecen varios tipos de pastos o hierbas. Hay praderas de pasto alto, de pasto mixto y de pasto corto.

El **tallo azul gigante** y el pasto amarillo de India son las hierbas más altas de la pradera.

El tallo azul gigante puede crecer ¡hasta ocho pies de altura! Más alto que la mayoría de muchas personas adultas.

Los **bisontes americanos** viven en las praderas. Al bisonte también se le llama búfalo.

Los bisontes y los ciervos pastan en las praderas, es decir, se alimentan de hierba o pasto.

bisonte americano

Los ciervos se alimentan de pasto, hojas, cortezas de árboles y bellotas.

13

Muchos de los animales de la pradera viven bajo la tierra en huecos llamados **madrigueras.** Los tejones, los hurones de patas negras, los perros de la pradera y las lechuzas terrestres también viven en ellos.

madrigueras

Las mayoría de las lechuzas vive en los árboles. Pero la lechuza terrestre vive en huecos bajo la tierra.

Las madrigueras de los perros de la pradera se conectan entre sí para formar grupos o **colonias.**

Estas colonias son como un pueblo subterráneo.

Se les llama perros de la pradera porque el sonido que producen se parece al ladrido de un perro.

¡La pradera es un lugar extraordinario para explorar! Observa los pastos altos. ¡Podrás ver los hurones de patas negras y otros increíbles animales que viven en este hábitat!

UN DÍA EN LA VIDA DE UNA SERPIENTE DE CASCABEL

¿Qué hace una serpiente de cascabel la mayor parte del tiempo?

La serpiente de cascabel se esconde en cuevas o debajo de las rocas o plantas.

¿Qué come una serpiente de cascabel?

La serpiente de cascabel come ratones, ardillas terrestres, pequeños perros de la pradera y conejos.

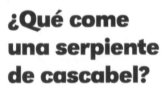

¿Quiénes son los enemigos de la serpiente de cascabel? Sus enemigos son los seres humanos, los halcones y las águilas.

¿Tiene la serpiente de cascabel algún ardid especial para sobrevivir? La serpiente de cascabel emite un sonido al agitar la cola para advertirle a sus enemigos que se mantengan alejados.

NUEVAS PALABRAS

bisonte americano mamífero de la pradera de cabeza grande y lomo abultado

tallo azul gigante una de las hierbas más altas de la pradera

madrigueras huecos o túneles hechos bajo tierra por pequeños animales

colonias grupo de animales que viven en un mismo lugar

animales que pastan animales que se alimentan sólo de hierba o pasto

pradera extensión grande de terreno cubierta de hierba y con muy pocos árboles

OTROS ANIMALES QUE VIVEN EN LA PRADERA

linces o gatos monteses

alces

zorros

turpial oriental

ÍNDICE

UN POCO MÁS
Libro:
Zuchora-Walske, Christine. *Peeking Prairie Dogs.* Minneapolis: Lerner, 1999.

Página web:
Environmental Education for Kids: What Is a Prairie?
http://www.dnr.state.wi.us/org/caer/ce/eek/nature/habitat/whatprai.htm

SOBRE EL AUTOR:
David Lion es maestro jubilado y autor de libros para niños. Vive con su esposa Kathy y su gato Jeep en Glens Falls, Nueva York. Cuando no escribe, viaja en su bote, juega golf o le lee libros a su nieta.